BEI GRIN MACHT SICH IHR WISSEN BEZAHLT

AF136089

- Wir veröffentlichen Ihre Hausarbeit,
  Bachelor- und Masterarbeit

- Ihr eigenes eBook und Buch -
  weltweit in allen wichtigen Shops

- Verdienen Sie an jedem Verkauf

Jetzt bei www.GRIN.com hochladen und kostenlos publizieren

Bibliografische Information der Deutschen Nationalbibliothek:

Die Deutsche Bibliothek verzeichnet diese Publikation in der Deutschen National-
bibliografie; detaillierte bibliografische Daten sind im Internet über http://dnb.d-
nb.de/ abrufbar.

Impressum:

Copyright © 2019 GRIN Verlag
Druck und Bindung: Books on Demand GmbH, Norderstedt Germany
ISBN: 9783346111357

Michael Karim Weiss

Erstellung eines Trainingsplans zur Gewichtssenkung und Schmerzlinderung im Lendenwirbelsäulen-Bereich

GRIN Verlag

GRIN - Your knowledge has value

Der GRIN Verlag publiziert seit 1998 wissenschaftliche Arbeiten von Studenten, Hochschullehrern und anderen Akademikern als eBook und gedrucktes Buch. Die Verlagswebsite www.grin.com ist die ideale Plattform zur Veröffentlichung von Hausarbeiten, Abschlussarbeiten, wissenschaftlichen Aufsätzen, Dissertationen und Fachbüchern.

Deutsche Hochschule für
Prävention und Gesundheitsmanagement

Einsendeaufgabe

Michael Karim Weiss

Fachmodul: Trainingslehre 1

Studiengang: Fitnessökonomie

Inhaltsverzeichnis

1 Diagnose

1.1 Allgemeine und biometrische Daten

Im nachfolgenden Abschnitt werden die allgemeinen und biometrischen Daten mit den Referenzwerten für den Body-Mass-Index und dem Blutdruck gegenübergestellt. Ziel ist die Auswahl eines auf diese Daten abgestimmten Krafttests.

Tabelle 1: Allgemeine und Biometrische Daten (Eigene Darstellung)

Alter	42 Jahre
Geschlecht	Männlich
Körpergröße	1,85 Meter
Körpergewicht	90 Kg
BMI	26,29 Kg/m2
Trainingsmotive	1. BMI Senkung 2. Kraftzuwachs 3. Schmerzlinderung im Lendenwirbel-säulen-Bereich (LWS)
Berufliche Tätigkeit	Bankangestellter
Aktuelle sportliche Aktivitäten	Keine Aktuelle Sportliche Aktivität
Frühere sportliche Aktivitäten	Keine frühere sportliche Aktivität
Zeitlicher Verfügungsrahmen für das Training	2 Trainingseinheiten wöchentlich
Allgemeine Beschwerden	Keine
Orthopädische Beschwerden	Unspezifische LWS Schmerzen
Beurteilung der Schmerzen anhand einer Schmerzskala	5
Internistische Beschwerden	Keine
Einnahme von Medikamenten	Keine
Sonstige gesundheitliche Einschränkungen	Keine
Blutdruck	128/83 mmHg

Tabelle 2: Blutdruckklassifizierungen der American Heart Assoziation (modifiziert nach Mancia et al., 2013, S. 1286)

Bewertungsstufen	Systolischer Blutdruck	Diastolischer Blutdruck
Normalblutdruck (Normotonie)		
optimal	unter 120 mmHg	unter 80 mmHg
normal	unter 130 mmHg	unter 85 mmHg
hochnormal	130 - 139 mmHg	85 - 89 mmHg
Bluthochdruck (Arterielle Hypertonie)		
Stufe 1	140 - 159 mmHg	90 – 99 mmHg
Stufe 2	160 - 179 mmHg	100 - 109 mmHg
Stufe 3	>180 mmHg	>110 mmHg

Tabelle 3: Beurteilung des Body-Mass-Index für Erwachsene (BMI) (World Health Organization, 2000)

Klasse	BMI (kg/m2)
Untergewicht	< 18,5
Normalgewicht	18,5 - 24,9
Übergewicht	25,0 - 29,9
Adipositas Grad 1	30,0 - 34,9
Adipositas Grad 2	35 - 39,9
Adipositas Grad 3	> 40

1.2 Auswertung der biometrischen Daten

Der Blutdruck des Kunden liegt mit 128/83 mmHg. Laut der Blutdruckklassifizierungen der American Heart Assoziation im normalen Bereich und hat keine Auswirkung auf das Krafttraining. Aufgrund von Zeitmangel, der unter anderem auch auf das berufliche Umfeld zurückzuführen ist, stehen dem Kunden nach eigener Aussage maximal zwei Trainingseinheiten pro Woche zur Verfügung.

Da keine Ursachen für die Rückenbeschwerden bekannt sind, lassen sich diese in unspezifische Rückenschmerzen kategorisieren.

Psychosoziale Risikofaktoren für unspezifische Rückenschmerzen die auf den Kunden zutreffen sind (BÄK et al., 2013, S. 50):

1) Übergewicht: Durch den Vergleich des ermittelten BMI mit der Einteilung der WHO (Tabelle 3) ist der Kunde als übergewichtig einzuordnen.
2) Monotone Körperhaltung: Der Kunde gibt an auf der Arbeit 8-10 Stunden täglich zu sitzen.
3) Geringe körperliche Leistungsfähigkeit: Die Leistungsfähigkeit ist als gering einzuordnen, da er weder früher sportlich aktiv war noch aktuell einer bewegungsintensiven Tätigkeit nachgeht.

Nach Hinrich weisen 80% aller Lumbalsyndrome eine muskuläre Insuffizienz auf (Hinrichs, 1987; zitiert nach Denner, 1995, 2.15). Daraus resultiert für das Training, dass im Trainingsplan alle Bewegungen der LWS berücksichtigt und diese verstärkt trainiert werden.

1.3 Krafttestung

Ergänzend zu der Diagnose wird mit dem Kunden eine Krafttestung durchgeführt, um seine Muskulatur zu testen und um ein auf ihn individuell abgestimmtes Trainingsgewicht festzulegen.

Im Rahmen der Diagnose findet die Individuelle-Leistungsbild-Methode (ILB-Methode) Anwendung, da diese für alle Leistungsstufen anwendbar ist (Eifler, 2003). Da es sich bei dem Kunden um einen Beginner handelt, können sämtliche Belastungsparameter im Verlaufe des Trainings angepasst werden. Auf diese Art und Weise soll die Motivation des Kunden nachhaltig gesteigert werden.

Zu Beginn des Trainings erfolgt eine zehn minütige Aufwärmphase, um Verletzungen vorzubeugen und den Körper auf die Belastung vorzubereiten (Rippetoe & Baker, 2013, S. 91).

Der Kunde beginnt nach der Aufwärmphase mit zwanzig Wiederholungen an der Beinpresse. Diese Wiederholungszahl dient als Grundlage der ausgewählten ILB-Methodentestung.

Bei der ILB-Methode findet zu Beginn eine Orientierungsphase statt, bei der das subjektive Belastungsempfinden ermittelt wird (Eifler, 2003). Im Rahmen des vorliegenden Falles ist diese Phase bereits abgeschlossen.

Nach sechs bis acht Wochen wird die Intensitätssteuerung gewechselt (Eifler, 2003). Die Trainingsintensität wird anhand des X-RM Test (Mehrwiederholungskrafttest), der hierfür als Grundlage dient, ermittelt. Dieser wird auch als individueller Leistungsbild-Test bezeichnet (Eifler, 2003, S.73).

Hierbei soll das maximale Gewicht für die angegebene Wiederholungszahl herausgefunden werden. Im Nachgang werden auf Basis dieses Wertes die verschiedenen Trainingsintensitäten berechnet, wie in Tabelle 4 dargestellt.

Die berechneten Trainingsintensitäten werden später in den Makrozyklus eingebaut.

Tabelle 4: Exemplarische Darstellung der Trainingsintensitäten des ILB-Tests (Eigene Darstellung)

Beinpresse	50%	55%	60%	63%	67%	70%
Max. 60kg	30 Kg	33 Kg	36 Kg	37,8 Kg	40,2 Kg	42 Kg

Die oben aufgeführte Darstellung bezieht sich auf einen 20-RM Test (Kraftausdauer). Bei der ILB-Methode wird darauf geachtet, dass möglichen Überlastungen und Verletzungen speziell bei Beginnern präventiv vorgebeugt werden. Beginner trainieren bei der ILB-Methode mit einer Intensität von 50%-70%, wie in der nachstehenden Tabelle aufgezeigt.

Tabelle 5: Grobraster zur Trainingsplanung nach der ILB-Methode (modifiziert nach Strack & Eifler, 2005, S. 153)

Leistungsstufe	Zeitstufe (Monat)	Orga. Form	Häufigkeit/ Woche	Übungen/ Muskelgruppe	Sätze/ Übung	Intensität (%X-RM*)
Orientierungs- stufe	0-1,5	GK	2	1-2	1-2	Gering
Beginner	1,5-6	GK	2	1-2	1-2	50-70
Geübte	6-12	GK	2-3	1-2	2	60-80
Fortgeschrittene	>12	GK/Split	3-4	1-3	2-3	70-90
Leistungsbild- trainierende	>36	GK/Split	3-6	1-4	2-4	80-100

Im Anschluss an die Aufwärmphase wird eine Testung durchgeführt, die das subjektive Belastungsempfinden anhand der Borgskala ermittelt (Löllgen, 2004).

Hierbei sollte eine subjektive Intensität von 18 auf der Borgskala erreicht werden.

Die Ergebnisse wurden in der nachfolgenden Übersicht tabellarisch dargestellt.

Tabelle 6: Testablauf (Eigene Darstellung)

Übung	Test 1 Kilogramm/ Borgskala	Test 2 Kilogramm/ Borgskala	Test 3 Kilogramm/ Borgskala	Trainingsgewicht in Kilogramm
Beinpresse	75 Kg / 12	95 Kg / 18	-	95 Kg
Latzugmaschine	40 Kg / 18	-	-	40 Kg
Rudermaschine	30 Kg / 16	35 Kg	-	35 Kg
Rückenstrecker sitzend	15 Kg / 8	25 Kg / 16	30 Kg / 18	30 Kg
Brustpresse	30 Kg / 18	-	-	30 Kg
Bauchpresse	20 Kg / 18	-	-	20 Kg

Es ist zu erwarten, dass der Kunde einen signifikanten Kraftzuwachs erlangt, welcher sich bei Trainingsbeginnern im Bankdrücken bereits nach 10 Wochen um 19,36% verbessert (Strack & Eifler, 2005 zitiert nach Eifler, 2003).

2 Zielsetzung und Prognose

Unter Beachtung der Trainingswünsche (siehe Tabelle 1) des Kunden werden seine Ziele mithilfe der nachstehenden Formel ermittelt:

Ziel = Inhalt + Ausmaß + Zeit

Zum Abschluss des Plans soll ein Maximalkrafttraining stattfinden, um die Kraftleistung des Kunden auf seinen Wunsch hin zu steigern. Aufgrund des Kraftzuwachses durch das Krafttraining an Geräten ist auch eine verbesserte Haltung im Rücken zu erwarten, was die Schmerzen im LWS-Bereich positiv beeinflussen wird (Morán, 2009, S. 18).

Tabelle 7: Zielsetzung nach Inhalt, Ausmaß und Zeit (Eigene Darstellung)

Ziel	Inhalt	Ausmaß	Zeit
Gewichtsreduktion	Senkung des erhöhten BMI	Gewichtsverlust von 2 Kg/m^2	6 Monate
Kraftzuwachs	Muskelwachstum und Kraftzuwachs	Steigerung um 4 Kg Muskelmasse	6 Monate
Schmerzlinderung im LWS-Bereich	Senkung der Schmerzen auf der Borgskala	2 Punkte reduzieren	2 Monate

Ziel 1: Der Kunde möchte auf eigene Aussage hin sein Gewicht reduzieren, da er sich unwohl fühlt und etwas für seine Figur machen möchte. Die Senkung des BMI innerhalb von sechs Monaten wird ihn zufriedenstellen, da eine Verbesserung der Körperform bei angepasster Ernährung zu erwarten ist (Morán, 2009).

Ziel 2: Kraftzuwachs erhält der Kunde durch die gewählte Trainingsmethode. Durch die sich steigernde Intensität, die Anpassung der Gewichte und der Wiederholungsanzahl verbessert sich seine Kraft im Allgemeinen (Rippetoe & Baker, 2013).

Ziel 3: Durch eine Zunahme der Muskulatur im LWS-Bereich sollen die Beschwerden des Kunden reduziert und das allgemeine Wohlbefinden erhöht werden (Denner, 1995).

3   Trainingsplan Makrozyklus

Als nächster Schritt erfolgt die Gestaltung des Trainingsplans und dessen Periodisierung. Ein solcher Trainingsplan findet in der Regel über einen Zeitraum von 26 Wochen statt und umfasst mehrere Trainingszyklen. Makrozyklus (langfristige Trainingsplanung), Mesozyklus (mittelfristige Trainingsplanung) sowie Mikrozyklus (kurzfristige Trainingsplanung) sind Bestandteile des Trainingsplans. Ein Makrozyklus setzt sich also aus verschiedenen Meso- und Mikrozyklen zusammen. In Tabelle acht wird ein Makrozyklus angepasst an den Kunden dargestellt.

Tabelle 8: Makrozyklus (Eigene Darstellung)

	Mesozyklus I	Mesozyklus II	Mesozyyklus III	Mesozyklus IV
Zyklusdauer	6 Wochen	6 Wochen	6 Wochen	8 Wochen
Spezifisches Trainingsziel	Kraftausdauer	Hypertrophie	Hypertrophie	Maximalkraft
Anzahl der Trainingseinheiten pro Woche	2x	2x	2x	3x
Organisationsformen	GK / Station	GK / Station	GK / Station	GK / Station
Übungen/ Muskelgruppe	1-2	1-2	2	2
Anzahl der Sätze pro Übung	3	3	3	3
Satzpausen	60 Sekunden	60 Sekunden	90 Sekunden	120 Sekunden
Wiederholungszahlen	15	10	8	5
Intensitäten	70 Prozent	70 Prozent	70 Prozent	70 Prozent
Bewegungstempo	Langsam kontrolliert	Langsam kontrolliert	Langsam kontrolliert	Langsam kontrolliert

Der in Tabelle acht aufgeführte Makrozyklus dient dem Kunden als Plan und Richtwert für die nächsten 26 Wochen. Da es sich bei ihm um einen Beginner handelt, startet der Kunde mit einem 6-wöchigen Kraftausdauerplan (Mesozyklus I), um die Muskelfasern sowie die Bänder an die neue Belastung zu gewöhnen (Rippetoe & Baker, 2013). Außerdem erfolgt in dieser Zeit eine Anpassung des neuronalen Nervensystems an das Training. (Wirth, Schlumberger, Zawieja & Hartmann, 2012, S. 21).

Die übergeordnete Trainingsmethode, hier Hypertrophie, dient dem progressiven Kraftzuwachs, sowie dem Dickenwachstum des Muskels (Wirth, Schlumberger, Zawieja & Hartmann, 2012 S.21). Dies zu verbessern war der Wunsch des Kunden und daher die übergeordnete Trainingsmethode. In Folge dessen wurde auch die Periodisierung des Makrozyklus gewählt. Nach sechs Wochen Kraftausdauer sind Bänder und Muskelfasern an die höheren Belastungen gewöhnt, die bei dem Hypertrophie-Training auftreten werden. Das Hypertrophie-Training ist angesetzt auf zwölf Wochen und in zwei Mesozyklen unterteilt.

Der Ganzkörperplan verhilft dem Kunden zu einem ausgewogenen Verhältnis aller zu trainierenden Muskelgruppen und einer sehr effizienten Zeitnutzung. Aufgrund keinerlei bekannter Beschwerden bis auf die unspezifischen Rückenschmerzen, steht dem Ganzkörpertraining nichts entgegen und kann gerade zu Trainingsbeginn optimal eingesetzt werden.

Das Stationstraining wird hierbei favorisiert, damit die exakte Ausführung am Gerät schnell erlernt wird und um nach einmaliger Einstellung die vorgegebenen drei Sätze ausführen zu können.
Stationstraining bedeutet, dass der Kunde zuerst eine Übung an einem Gerät beendet und danach zur nächsten Maschine geht. Unter Berücksichtigung der zeitlichen Restriktionen des Kunden, werden zu Beginn des Zyklus 2 Trainingseinheiten pro Woche festgelegt.
Im Verlauf des Plans steigert sich das Training auf drei Einheiten je Woche, um mehr Intensität in den Plan zu bringen.
Außerdem benötigen die Muskeln eine gewisse Regenerationszeit, ebenso das zentrale Nervensystem (ZNS). Diese Ruhezeit dauert bei Beginnern deutlich länger als bei Fortgeschrittenen (Rippetoe & Baker. 2013, S. 15).

Das geführte Training an Geräten eignet sich für Beginner sehr gut, da sie die motorischen Bewegungsabläufe erst lernen müssen, was durch die Biomechanik an Geräten vereinfacht wird.

Die Wiederholungen sind für den jeweiligen Kraftbereich entscheidend. Im gegebenen Fall fängt der Kunde mit zwanzig Wiederholungen im Kraftausdauerbereich an.

Im zweiten und dritten Mesozyklus beginnt der Kunde mit dem Hypertrophie-Training, was den allgemeinen Muskelaufbau (Dickenwachstum) fördert. (Wirth, Schlumberger, Zawieja & Hartmann, 2012, S. 21).

In Mesozyklus IV macht der Kunde ein Maximalkraft-Training, um einen weiteren Reiz zu setzen und seine Kraft zu steigern. Die Wiederholungen liegen hier bei drei bis fünf (Rippetoe & Baker. 2013, S. 77).

Hinzu kommt, dass der Kunde am Anfang meist nicht seine genaue Kraft kennt, das gezielte Einsetzen der Kraft erst erlernen muss und zu Beginn lediglich die neuronalen Anpassungen stattfinden (Wirth, Schlumberger, Zawieja & Hartmann, 2012, S. 21).

Das gesamte Training findet bei gleicher Intensität statt, was dem Kunden hilft sein Gewicht besser einzuschätzen und dies prozentual einheitlich zu steigern. Angesetzt wird jede Übung mit 3 Sätzen mit jeweils einer Intensität von 50 % - 70 %, der maximalen Kraftleistung bei Beginnern.

4   Trainingsplan Mesozyklus

Der im Folgenden aufgeführte Mesozyklus ist der vierte und letzte, in dem der Fokus des Trainings auf der Steigerung und dem Ausbau der Maximalkraft liegt.

Um dieses Ziel zu erreichen, wird die Intensität zwischen 85-100 % liegen und das Gewicht erhöht. (Wirth, Schlumberger, Zawieja & Hartmann. 2012).

Der Zyklus ist auf sechs Wochen ausgelegt, was für den Kunden die richtige Zeitspanne ist, um maximale Fortschritte zu erzielen ohne, dass eine Leistungsstagnation eintritt.

Tabelle 9: Mesozyklus 4 (Eigene Darstellung)

Zyklusdauer	8 Wochen
Spezifisches Trainingsziel	Maximalkraft
Anzahl der Trainingseinheiten pro Woche	3x
Organisationsformen	GK / Station
Übungen pro Muskelgruppe	2
Anzahl der Sätze pro Übung	3
Satzpausen	120 Sekunden
Wiederholungszahlen	5
Intensitäten	90 Prozent
Bewegungstempo	Siehe Arbeitsblatt
Kräftigungsübungen	1) Beinpresse 2) Latzugmaschine 3) Rudermaschine 4) Rückenstrecker sitzend 5) Brustpresse 6) Bauchpresse

Tabelle 10: Übungsbegründung (Eigene Darstellung)

Übung	Beanspruchte Muskulatur	Individueller nutzen für die Person	Warum gerade diese Übung?
Beinpresse	M. Quadriceps femoris M. tensor fasciae latae	Stützende Wirkung	Aus der Geführten Bewegung resultiert ein geringes Verletzungsrisiko
Latzugmaschine	M. latissimus dorsi M. teres major M.deltoideus, pars spinata	Stützende Wirkung	Aus der Geführten Bewegung resultiert ein geringes Verletzungsrisiko
Rudermaschine	M. trapezius transversa Mm. Rhomboidei M. latissimus dorsi M. deltoideus pars spinata	Stützende Wirkung	Aus der Geführten Bewegung resultiert ein geringes Verletzungsrisiko
Rückenstrecker sitzend	M. erector spinae	Stützende Wirkung	Aus der Geführten Bewegung resultiert ein geringes Verletzungsrisiko
Brustpresse	M. pectoralis major M. deltoideus, pars clavicularis M. triceps brachii M. anconeus	Stützende Wirkung	Aus der Geführten Bewegung resultiert ein geringes Verletzungsrisiko
Bauchpresse	M. rectus abdominis M. transverus abdominis M. obliqus externus abdominis	Stützende Wirkung	Aus der Geführten Bewegung resultiert ein geringes Verletzungsrisiko

Die Maximalkraft ist entscheidend für den Kraftzuwachs (Wirth, Schlumberger, Zawieja & Hartmann, 2012, S. 25) und daher fester Bestandteil des Trainingsplans, um die Muskeln zu stärken und somit die Gelenke zu entlasten.

Der Schwerpunkt des Trainingsplans liegt hier im gerätegestützten Training, was den Vorteil hat, dass diese Maschinen nach der Biomechanik des Körpers angepasst wurden und somit das Verletzungsrisiko auch bei einem höheren Gewicht gering gehalten wird, wie bereits in Kapitel drei beschrieben.

Primär werden in diesem Zyklus die großen Muskelgruppen, wie Brust, Rücken und Beine trainiert um einen erhöhten Grundumsatz zu erzielen, welcher bei einer ausgewogenen und angepassten Ernährung zur Fettreduktion führt, da der Stoffwechsel des Körpers angeregt wird (Rippetoe & Baker, 2013, S.118).

Auch hier wird auf den Kundenwunsch eingegangen und der Kraftzuwachs mit der Erhöhung des Grundumsatzes verbunden, damit der Kunde zum Ende hin zufrieden ist.

5   Literaturrecherche

Thema: Effekte des Krafttrainings bei Rückenbeschwerden („low back pain" bzw. „LWS-Syndrom")

Tabelle 11: Literaturrecherche zur ersten Studie (Eigene Darstellung)

Wer hat die Studien durchge-führt?	K.T, K. S, N. M, S.VP
In welchem Jahr wurden die Studien publiziert?	2015
Welche Forschungsfrage wurde untersucht?	In wie weit ist es sinnvoll die Rumpfmuskulatur bei chronischen Rückenschmerzen des Lendenwirbelbereichs zu trainieren
Mit welchen Versuchspersonen wurden die Studien durchge-führt?	30 Probanden, Gruppe A & B Gruppe A: Probanden mit Rückenschmerzen seit mindestens 12 Monaten oder länger Gruppe B: Probanden mit Rückenschmerzen im Zeitraum von 3 – 12 Monaten
Wie sah der Versuchsaufbau der Studien aus?	Die Patienten wurden in zwei Gruppen unterteilt – A und B. Verschiedene Bereiche wurden ausgewertet. Innerhalb des Test-zeitraums von 6 Wochen wurden neben der Schmerzskala, die Maximalkraft des Glutaeus Maximos auch die Aktivierung des Transversus Abdominus getestet. Beide Testgruppen erhielten für 6 Wochen den gleichen Trainingsplan
Welche relevanten Ergebnisse und Schlussfolgerungen lieferten die Studien?	Das aus der Studie resultierende Ergebnis zeigt, dass die Rumpf-muskulatur inklusive die Lendenwirbelsäule und die Stärkung des M. Glutaeus Maximos schmerzlindernd sein können, unabhängig von der Zeitspanne, seitdem die Schmerzen bestehen.

Tabelle 12: Literaturrecherche zur zweiten Studie (Eigene Darstellung)

Wer hat die Studien durchgeführt?	H. PH, W. M, N.-V.D. S. RW, B. C, v. A. M, S. JB
In welchem Jahr wurden die Studien publiziert?	2017
Welche Forschungsfrage wurde untersucht?	Welche Auswirkung hat das Krafttraining der Lendenextensoren auf die Einschränkung und Mobilität bei Patienten mit kontinuierlichen Schmerzen im unteren Rückenbereich
Mit welchen Versuchspersonen wurden die Studien durchgeführt?	Patienten mit zweijährigen anhaltenden Beschwerden im Lendenwirbelbereich
Wie sah der Versuchsaufbau der Studien aus?	Am Anfang wurde der individuelle Bewegungsradius der sagittalen Lendenwirbelsäule in Beugung und Streckung jeder Person elektronisch gemessen. Die eigene Schmerzintensität wurde mit Hilfe eines Fragebogens ermittelt, sowie die Funktionen des Rückens elektronisch aufgezeichnet. Das Training fand einmal wöchentlich statt über einen Zeitraum von 11 Wochen, indem die Probanden ein Lumbalstrecker-Krafttraining absolvierten
Welche relevanten Ergebnisse und Schlussfolgerungen lieferten die Studien?	Die meisten signifikanten Verbesserungen wurden in den ersten 5 Wochen erzielt, bei einem Training der Lendenwirbelextension. Diese sind: die Linderung der Schmerzen (28% Abnahme) sowie der Funktionsstörungen (23% bis 36%). Die Lendenwirbelsäulenbeweglichkeit in der Flexion verbesserte sich um 12%.

6 Literaturverzeichnis

Bundesärztekammer, Kassenärztliche Bundesvereinigung & Arbeitsgemeinschaft der wissenschaftlichen medizinischen Fachgesellschaften. (2017). *Nationale Versorgungsleitlinie Kreuzschmerz - Langfassung.* 2.Aufl.

Denner, A., (1995) *Muskuläre Profile der Wirbelsäule* (1. Bd 1995). Köln: Verlag SPORT und BUCH Strauß

Eifler, C., (2013) *Empirische Überprüfung der Effekte verschiedener Ansätze zur Intensitätssteuerung im fitnessorientierten Krafttraining.* Dissertation, Universität Saarlandes. Saarbrücken

Helmhout, P.H., Witjes, M., Nijhuis-VAN DER Sanden, R.W., Bron, C., van Aalst, M., Staal, JB. (2017). The effects of lumbar extensor strength on disability and mobility in patients with persistent low back pain. Zugriff am 27.08.2019. Verfügbar unter: https://www.ncbi.nlm.nih.gov/pubmed/?term=Helmhout+PH%2C+Witjes+M%2C+Nijhuis-VAN+DER+Sanden+RW%2C+Bron+C%2C+van+Aalst+M%2C+Staal+JB

Kumar, T., Kumar S., Nezamuddin M., Sharma VP (2015). *Effects of functional resistance training on fitness and quality of life in females with chronic nonspecific lowback pain.* Zugriff am 27.08.2019. Verfügbar unter: https://www.ncbi.nlm.nih.gov/pubmed/28826168

Löllgen H. (2004) Borg-Skala *Standards der Sportmedizin Deutsche Zeitschrift der Sportmedizin.* 55 (11):299-300

Mancia, G., Fagard, R., Narkiewicz, K., Redòn, J., Zanchetti, A., Böhm, M. et al. (2013). *2013 ESH/ESC Guidelines for the management of arterial hypertension. The task force for the management of arterial hypertension of the European Society of Hypertension (ESH) and of the European Society of Cardiology (ESC).* Journal of hyper-tension, 31 (7), 1281–1357.

Morán, O. (2009). *Kompaktkurs Rücken. Anatomie – Muskeltraining – Stretching* (1. Aufl.). Madrid: Editorial Pila Telena

Rippetoe, M. Baker, A. (2013) *Programmgestaltung im Krafttraining* (1. Aufl. 2016). München: Riva

Wirth, K., Schlumberger, A., Zawieja, M., Hartmann, H. (2012) *Krafttraining im Leistungssport – Theoretische und praktische Grundlagen für Trainer und Athleten*. (1. Aufl. 2012). Köln: Sportverlag Strauß

World Health Organization. (2000). *Obesity: Preventing and Managing the Global Epidemic - Report of a WHO Consultation*. Zugriff am 24.08.2019. Verfügbar unter: http://www.lob.de/cgi-bin/work/suche2?titnr=210481803&flag=citavi

7   Tabellenverzeichnis